AF230195

BERNARD PALISSY.

STE
BIBLE
IESCAI
MOURIR
P.J. DEL.

NOTICE POPULAIRE

SUR

BERNARD PALISSY

SUIVIE

D'UN APERÇU DE SES ÉCRITS

ET DE SES SANTONISMES

OU LOCUTIONS SAINTONGEAISES

ITEM

D'UNE COMPLAINTE SUR SA VIE

PAR **P. JONAIN.**

Devoir, Savoir, Pouvoir.

PARIS	DÉPARTEMENT
CHAMEROT, éditeur,	Chez tous les Libraires.
13, RUE DU JARDINET.	

1864

BERNARD PALISSY.

LA MÈRE. — Mon fils, depuis quelques années, j'entends répéter un nom duquel je n'avais quasi aucune connaissance : Bernard Palissy ou de Palissy, un potier de terre, digne, à ce que l'on prétend, d'une statue. Toi, qui *passes* tant de livres et de journaux, tu devrais bien, aujourd'hui qu'il est dimanche, ici, à l'ombre de notre charmille, me donner une petite signifiance de cette nouveauté.

LE FILS. — Oui, mère, avec un double plaisir : l'histoire de Palissy le mérite bien, et tu es une des personnes qui méritent le mieux de l'entendre. C'est une nouveauté de trois siècles, mais qui n'en est pas moins intéressante.

Bernard Palissy, et non de Palissy, était paysan comme nous, et il a inventé, avec bien d'autres choses, l'art de ces couleurs inaltérables, qu'on appelle émaux, sur la poterie, la faïence et la porcelaine. Avant lui, à peine si les artistes de Limoges (ville encore célèbre pour les porcelaines), savaient produire du blanc et du noir ; pas autre chose.

LA MÈRE. — Ce n'était pas gai. J'aime mieux le simple pot à eau que tu m'as donné, avec ses fleurs rouges et ses oiseaux bleus ; je ne les changerais pas pour les plus belles aiguières noires et blanches.

LE FILS. — Ces fleurs, ces oiseaux et leurs couleurs sont justement l'invention de Palissy ; à quel prix ! tu ne saurais t'en faire l'idée. Tu vas frémir des travaux, des peines, des sacrifices qu'il en a coûté au pauvre Bernard pour arriver à répandre ainsi dans les plus humbles chaumières des images d'art et de bien-être, une imitation de plus des œuvres de Dieu. Et, si tu voyais donc ses productions originales, que se disputent, à coup de milliers de francs, les riches et les princes ; ces plats immenses sur lesquels se jouent des poissons, des lézards, des serpents, des crabes, des escargots, avec toutes les nuances et presque les mouvements de la vie !

LA MÈRE. — N'aurais-je point peur ? mais cela vient au dessert. Et je pressens que c'est un grand peintre, un grand sculpteur, un grand artiste, comme vous dites, vous autres, dont tu vas me conter la curieuse histoire.

LE FILS. — Mieux que tout cela, mère chérie : un grand savant, un grand homme, un homme de bien, un apôtre, un héros.

LA MÈRE. — J'ai de l'argent mignon pour sa statue. Va, fils, je t'écoute de mes deux oreilles et de toute mon âme.

LE FILS. — Bernard Palissy vint au monde une des années qui s'écoulèrent entre 1499 et 1510, dans un village nommé La Chapelle. Mais est-ce la Chapelle Biron, en Périgord, diocèse d'Agen, ou bien la Chapelle-des-Pots, près de Saintes? Il y a quelques doutes à ce sujet : les partisans de la Chapelle-des-Pots font observer que *Bernard* est un prénom bien plus Saintongeais qu'Agenais ; que Palissy, dans ses écrits, n'a aucune locution de la langue d'O, mais parle toujours un bon français ou langue d'*oui*, avec beaucoup d'expressions Saintongeoises. — Les amis de la Chapelle Biron s'appuient sur la tradition et montrent près de là une tuilerie toujours appelée *Tuilerie Palissy*, à ce qu'ils prétendent. Il est probable que la science moderne ne tardera pas à résoudre ces questions.

LA MÈRE. — Palissy a laissé des écrits, dis-tu : j'espère que tu m'en liras quelque chose. Un tel homme devait parler ou écrire aussi bien que faire tant d'autres belles inventions.

LE FILS. — Tu sens fort juste, chère mère : Palissy est un des premiers écrivains de France, et il est bien regrettable que ses œuvres littéraires, recueillies par M. Paul-Antoine Cap, en 1844, dans un volume à 3 fr. 50, ne soient pas plus répandues. Il est vrai que notre pauvre enseignement primaire est si maigre que, loin de donner une idée des racines grecques, base de la langue ouvrière, il n'apprend même pas à lire et à entendre notre *parlure* du XVIe siècle, si riche, si vive, si nationale, si locale aussi dans notre Saintonge :

Ainsi, peut-être toi-même, ne comprendrais-tu pas bien, à ma lecture, notre fier d'Aubigné OU NOTRE BON PALISSY.

LA MÈRE. — Tu sais bien, fils, que je comprends ou que je devine tout ce que tu m'expliques.

LE FILS. — Comme je n'oublie rien de tout ce que tu me dis.

Que Palissy soit le compatriote de la Boétie, l'ami de Montaigne, moins connu que Montaigne et plus digne de l'être, ou qu'il soit Saintongeais de naissance, il fut certainement Saintongeais de choix et de volonté ; la Saintonge, en l'adoptant, ne fait que répondre à une affection de fils.

Palissy n'eut d'autre professeur qu'un maître d'école de village, mais un maître bon et distingué, à ce qu'il semble : il apprit de lui le dessin et l'arpentage, notions qui furent le soutien de sa vie et fixèrent tout d'abord sa destinée. C'est en *peindant des images*, comme il le raconte, et en faisant des *figures*, des plans et arpentements, *pour les procès*, qu'il commença de gagner son pain. « On pensoit, dit le modeste grand homme, que je fusse plus savant en l'art de peinture que je n'étois. »

LA MÈRE. — Mon fils, Palissy est né dans le *ressort* de Saintes : je crois qu'on ne voit qu'ici assez de procès pour faire vivre un arpenteur. Vois combien on m'a obligée de plaider !

LE FILS. — Bonne mère, l'argument n'est pas fort.

Bientôt Palissy entreprit ce qu'on appelle le *tour de France,* et mit en action l'une avec l'autre, *théorique* et *pratique*, science et expérience, qu'il met en scène, plus tard, dans tous ses écrits. Le dialogue est la forme favorite de ses lumineuses expositions.

Son métier spécial était celui de verrier, c'est-à-dire de peintre sur verre. Il ornait de vitraux les chapelles de châteaux, les églises, les cathédrales même, pour lesquelles il recevait des commandes de différents points : France, Alsace, Belgique, toute cette région du nord, spécialement peut-être Beauvais, dans l'Oise. Il a aussi visité Tarbes et le midi, mais plus tard, lorsqu'il étudiait les terres et les eaux. Il paraît avoir surtout rendu content de lui un homme difficile, le terrible connétable de Montmorency, qui n'interrompait ses patenôtres que par des éjaculations de ce genre : « Pendez un tel ! tourmentez tel autre ! » Palissy décora si bien de vitraux et d'ouvrages en terre cuite ou *figulines* (car il était aussi potier), le château et les jardins d'Ecouen, terre du connétable, que celui-ci le tira des griffes inquisitoriales du parlement de Bordeaux, comme nous le dirons, et lui fit décerner pour sauve-garde, le titre officiel *d'inventeur des rustiques figulines du roi.*

Ce que Palissy pratiquait aussi dans ses voyages, avec une profondeur de coup-d'œil et un bonheur donnés d'en haut, c'était l'observation, philosophique et religieuse à la fois, de la nature. Le beau psaume

Bénis, mon âme, oh ! bénis le Seigneur...

LA MÈRE. — Je le sais *par cœur*, de ta traduction.

LE FILS. — Le beau psaume CIV était souvent dans sa bouche et toujours dans sa mémoire ; c'est à cette communion filiale avec le monde naturel et particulièrement avec la terre que Bernard Palissy dut *la faveur* de découvrir, bien avant les savants modernes, l'origine des coquilles fossiles, qui se trouvent dans la terre, ou la composition de l'écorce du globe, le feu central, la formation des pierres et des métaux, les bienfaits, encore méconnus, de la végétation, les propriétés de la marne, le régime des engrais ; et d'être ainsi, outre son invention spéciale, le créateur de la géologie, de la physique, de la chimie et de l'agriculture raisonnée.

LA MÈRE. — Mais c'est un géant que ton Bernard.

LE FILS. Oui, mère, un géant de savoir, et un enfant de bonté et de modestie. Sais-tu comment il parle de lui-même, en dédiant sa RECEPTE VÉRITABLE au maréchal de *Montmorancy*, fils de son protecteur ? « Je ne suis ne Grec, ne Hébrieu, ne poète, ne rhétoricien, ains un simple artisan bien pauvrement instruit aux lettres ; mais j'aime mieux dire la vérité en mon langage rustique, que mensonge en un langage rhétorique. » Le culte inviolable de la vérité, même au prix de sa vie, cela seul ne suffirait-il pas pour faire de Palissy un homme rare, un vrai héros ?

En 1539, Palissy, ayant achevé son *tour de France*, vint s'établir à Saintes et s'y fixer par le mariage... mariage au prêche, probablement, au désert ; car, dès 1532, François Ier avait laissé brûler vifs, à Paris, des protestants, sous le nom de Luthéristes ou Luthériens, et l'on n'était pas loin (1545) des massacres de Mérindol et de Cabrières. C'est là ce qui rendra difficile l'exacte connaissance du nom et de la famille à qui l'affection et la destinée unirent le sort du pauvre Bernard. Il n'en a lui-même presque rien dit. Des plaintes seulement lui sont échappées sur les querelles inopportunes que lui faisait sa femme, juste aux moments où son génie souffrait des douleurs comparables à celles de l'enfantement le plus laborieux : « Je m'allois souvent promener, dit-il, dans la prairie de Xaintes, en considérant mes misères et ennuis : et sur toutes choses de ce qu'en ma maison mesme je ne pouvois avoir nulle patience, n'y faire rien qui fust trouvé bon. En me retirant souillé et trempé de mon travail, je trouvois en ma chambre une seconde persécution pire que la première, qui me fait à présent esmesveiller que je ne suis consumé de tristesse... » Il doit être si doux au cœur de l'homme de faire quelque chose qui soit trouvé bon par la personne qu'il aime le plus !... Il est vrai aussi que Palissy, dans sa sainte fureur d'invention, ira jusqu'à brûler le plancher de sa maison, après les meubles et le lit de sa chambre : la mère de famille, chargée de plusieurs enfants dans le besoin, et étrangère, probablement, aux enivrements de l'art et de la science, est peut-être excusable de rappeler avec quelque vivacité au positif brutal de chaque jour. Je dis plusieurs enfants : elle en avait perdu six de maladies vermineuses, avant que Palissy connût la vertu de la santonique ou absinthe de Saintonge. Elle en avait deux aux nourrices, ordinairement.

LA MÈRE. — Fils ! les femmes me pardonneront de les confesser un peu devant toi : la jalousie est un de leurs défauts et s'en prend à toutes les distractions quelconques de l'homme, que ces distractions soient bonnes ou mauvaises, jeu, chasse, travail, ambition ; à moins qu'il n'en revienne à la femme quelque satisfaction de vanité. Et pourtant, d'autre part (confession générale), si l'homme a le malheur de se laisser absorber, enjuponner, comme on dit, par ce sortilège, s'il donne sa démission d'activité, de vocation et d'indépendance, il est perdu, même aux yeux de celle qui, vivant de lutte, n'aime point une complète victoire.

LE FILS. — Merci, bonne mère ! Nous avons une fable très-ancienne là-dessus : Circé, une fameuse sorcière en effet, d'un grand nombre d'amoureux n'aima qu'Ulysse, le récalcitrant : elle avait changé en bêtes tous les autres.

Palissy, épris de la vérité et de l'originalité en toutes choses, avait donc échappé à ce qu'il considérait comme une sorte de Circé religieuse, l'Eglise romaine, infaillible, absolue et stationnaire, pour embrasser la Réforme, le progrès par la conscience, le libre examen.

Son entrée libre dans les sacristies, et, d'autre part, son passage en Alsace et en Flandre, ne pouvaient manquer d'ainsi le conduire. Animé d'un véritable zèle d'apôtre, il fonda, à Saintes, une communion protestante composée de quelques honnêtes ouvriers comme lui. On y lisait, on s'y expliquait mutuellement la Bible; on chantait les psaumes déjà traduits dans le français du temps par Théodore de Bèze et Clément Marot. C'était, pour Palissy, une sorte de ravissement que d'entendre parfois répéter ces chants par des voix de femmes et d'enfants, sous les *aubarées*, bocages d'aubiers, de la Charente. Cela lui rappelait le Pré aux Clercs de Paris, et, mieux encore, les époques pastorales, innocemment religieuses, des Israélites et des premiers chrétiens.

En 1543, il se vit charger d'une mission bien différente : les *Publicains*, c'est-à-dire les commis pour établir la gabelle ou l'impôt du sel en Saintonge, eurent recours à lui pour lever le plan des marais-salants et des îles de notre *Santonie*, pays de *canaux*. Palissy visita Brouage, l'île d'Oleron, les îles, alors, de Marennes et d'Arvert, la Tremblade, Riberou, Royan, toutes ces plaines et ces dunes, libres de par la nature : séjour probable des adeptes de la foi nouvelle, plus tard vaste et insuffisant refuge des huguenots contre les dragonnades et autres genres de persécutions. Palissy, prédicateur éminent, dut y faire de nombreux prosélytes.

Dans cette propagande, il avait naturellement pour

collaborateurs des moines défroqués : à Saint-Denis d'*Oleron*, le frère Robin ; en *Alvert*, le frère Nicole; à *Gimozac* (pour Gemozac, prononciation gascone, celle-ci) un autre martyr qu'il ne nomme pas. Je dis martyr, vu que tous furent pris sur les poursuites « d'un nommé Collardeau, procureur fiscal, homme pervers et de mauvaise vie, qui trouva moyen d'avertir l'Evesque de Xaintes (le Charles X des Ligueurs) et de lui faire entendre que tout étoit plein de Luthériens. » Au fait, les prêtres et les abbés en étaient réduits à prier les ministres de vouloir bien prêcher pour qu'on leur payât les dîmes (1546). Un certain Navière, chanoine de Xaintes, qui avait d'abord tourné à la Réforme, s'était retourné persécuteur. Lui, Collardeau et le grand vicaire Sellière firent arrêter, vêtir de vert, comme fous, et bâillonner les prédicants. Une exception fut admise en faveur de Palissy. Seul, en effet, il était capable d'achever les ouvrages d'art entrepris pour le Connétable. Celui-ci le savait parfaitement ; à la protection puissante dont il le couvrait, s'ajoutaient celles du duc de Montpensier, du comte de la Roche Foucaut, des seigneurs de Pons, de Jarnac et de Burie. Quant aux infortunés, coupables de pieux exercices publics, ils étaient jetés dans la prison de l'évêché, à Saintes, où les gardiens se faisaient aider par des chiens dans leur besogne de geôliers. Un des captifs, néanmoins, Robin, lima ses fers, passa la lime à ses compagnons de captivité, perça la muraille, jeta du pain aux chiens, « qui eurent la gueule close, comme les lions de Daniel,» escalada un poirier, puis l'enceinte extérieure, revint voir si ses camarades étaient prêts, et, ne les trouvant pas tels, se sauva, ayant son *enferge* (sa chaîne) attachée autour de sa jambe. Ses deux compagnons furent brûlés au mois d'août 1546, l'un à Saintes, l'autre à Libourne, où siégeait alors, pour raison de la peste, le Parlement de Bordeaux.

Mais à Bordeaux, en 1557, fut pendu un autre prédicateur, nommé Philibert Hamelin, dont Palissy fait le plus grand éloge. Il nomme aussi les pasteurs de la Place et de la Boissière, comme ayant édifié l'Eglise de Saintes, qui avait commencé par cinq protestants.

Lui-même, enfin, vit la violation de son *hastelier*, qui avait été déclaré lieu d'asile, fut enlevé de nuit et conduit *par voies obliques ès* prisons de Bordeaux, où il fallut tout le crédit du Connétable pour l'arracher à une inquisition, qui, s'appuyant déjà sur l'Espagne, sur le Démon du Midi, Philippe II, préparait sourdement la Saint-Barthélémy, l'*extirpation* prétendue radicale de l'hérésie.

La Réforme luthérienne et calviniste avait commencé en France par les nobles, « dans le fait desquels, dit un contemporain, il y avait plus de mécontentement (politique) que de huguenoterie. » Le peuple seul l'avait prise au sérieux, comme toutes choses. Les dîmes, la gabelle, « les soldats, les impôts, les créanciers et la corvée, » lui paraissaient des conséquences du catholicisme de ses maîtres, conséquences et principes qu'il aurait voulu secouer tout à la fois. La Cour était très-indifférente au dogme et au culte : Cathérine de Médicis se déclarait toute prête « à prier Dieu en français ; » et l'on sait combien peu les *sauts périlleux*, en fait de religion, coûtèrent à Henri IV, de Béarn : « Paris valait bien une messe. » Le positif avant tout. « Après nous, le déluge. »

Malheureusement, les Guises, comme la plupart des rois et des princes, voyaient ce positif attaché à telle ou telle croyance dans les masses, à tel organisme religieux ; et les massacres de Cahors (1561), de Vassy et de Sens (1562) firent trop voir à quel culte ils donnaient leur haute préférence.

Mais j'anticipe sur le cours de l'histoire.

LA MÈRE. — Et tu me fais perdre, mon cher Palissy.

LE FILS. — Revenons à son culte de l'art, qui se partageait sa grande âme avec celui de Dieu. Vers 1545, le hasard ou la Providence fit tomber aux mains de Palissy une coupe de terre émaillée : ce lui fut une révélation, son coup de soleil sur le chemin de Damas. Il faut qu'il égale, qu'il surpasse cette production de l'Italie ou de Limoges, qu'il en dote la Saintonge, la France. Il y mettra quinze années de labeur, de souci, d'angoisses, de sacrifices, d'inventions, de prodiges. Il apprend, seul et par expérience, la nature des terres, l'art de construire des fourneaux, celui de modeler, de mouler, de moudre les matières ; de les mélanger, de les cuire ; la physique et la chimie, générales et appliquées. Et tout cela, comment l'apprend-il ! « avec les dents, » dit le pauvre bonhomme, c'est-à-dire au prix des plus rudes privations. Il invente tout ce qui lui manque, par exemple, les manchons de terre ou *gazettes* à envelopper les pièces dans le four, qui servent encore, telles qu'il les a inventées. Il fait, fabrique, bâtit, maçonne, charpente, broie, porte, manipule, emploie lui-même tout ce dont il a besoin. Ses épaules charrient la brique, la terre et le bois, qui souvent lui manque, faute d'argent. Ses bras tournent un moulin à broyer, « auquel il fallait ordinairement deux puissants hommes pour le virer. » Six jours et six nuits, il veille et se démène aux deux gueules ardentes de son fourneau ; pendant un mois, sa chemise ne sèche pas sur lui : « tant il est entré en dispute avec sa pensée ! » Et qu'obtient-il ? rien que déceptions, dérisions, moqueries et ruine. Ses émaux ne fondent pas ensemble , ou bien les cailloux de la fournaise éclatent, s'incrustent sur ses pièces et les hérissent de lames tranchantes comme un rasoir. Lui-même en a les mains toutes coupées , et « est contraint de manger son potage avec les doigts enveloppés de drapeau. » Enfin, la trois centième épreuve, la trois centième ! lui donne l'émail blanc. C'est quelque chose. L'espérance lui rend le courage. « Il pense estre devenu nouvelle créature. » Cette fournée , à demi réussie, était attendue par les nombreux créanciers de Palissy : elle pouvait bien valoir « huit francs ; » et voilà qu'il la brise à leurs yeux, comme indigne absolument de son idée , et qu'il paie avec ses propres vêtements, faute de mieux , le pauvre manœuvre qui a consenti à lui donner aide. Certainement, c'est un fou entêté, qui mérite tout-à-fait de mourir de faim.

Mais lui, l'inventeur sublime : « Quand je me fus reposé un peu de temps , avec regrets de ce que nul n'avoit pitié de moi, je dis à mon âme : qu'est-ce qui te triste, puisque tu as trouvé ce que tu cherchois ?...»

LA MÈRE. — Sublime, en effet, cher fils ! Je n'ai rien entendu de plus grand et de plus beau.

LE FILS. — Que serait-ce donc, ma mère, si tu lisais cet admirable récit lui-même , dans l'*art de terre !* Le style naïf et puissant de Palissy n'a pas plus été surpassé que ses poteries.

Il ajoute : « Travaille à présent (comme s'il n'avait rien fait) et tu rendras honteux tes détracteurs. Mais mon esprit disoit d'autre part... »

LA MÈRE. — Pourquoi cette distinction entre l'âme et l'esprit ? je ne la comprends pas.

LE FILS. — Mère , tu fais là une question à la fois

bien subtile et bien profonde. Il faudrait des heures pour y répondre et peut-être pour n'y répondre pas. En quelques mots, je crois, comme Palissy, que nous sommes corps, esprit et âme. Le corps souffre et besogne ; l'esprit pense et raisonne ; l'âme sent et veut. L'âme, en un mot, est la conscience. Celle de Palissy, toujours pure et bonne, le gardait heureux au milieu des tribulations, le maintiendra calme jusques dans les cachots.

« Il persévéra donc jusqu'à la fin et il fut sauvé. » Il brûla ses meubles, c'est vrai, ses étais de treillages, ses chaises, ses tables, son lit, le plancher de sa maison. Mais il trouva les émaux de couleur en 1555 ; il fit des plats, des vases, des figurines et des figulines inouies, inimitables, toujours recherchées ; il en publia la RECEPTE VÉRITABLE, à la Rochelle, en 1563, et fut aussitôt appelé à Paris, à la cour de Henri II et de Catherine de Médicis, au Louvre, aux *Thuilleries*, nom bien sympathique pour lui sans doute, palais qu'il contribua beaucoup à embellir et qui devint comme son titre de noblesse : il est nommé *Bernard des Thuilleries* en beaucoup d'écrits.

LA MÈRE. — Ah ! sa pauvre femme dut être à la fin contente et ses enfants heureux.

LE FILS. — L'histoire est muette sur leur compte. Ce n'étaient que des gens du peuple et des hérétiques, par-dessus le marché. On a lieu de croire seulement que Nicolas et Mathurin Palissy suivirent leur père à Paris et y travaillèrent avec et après lui.

Quant à Bernard, toujours persuadé en son *âme* qu'il faut « que chacun ait à manger son pain au labeur de son corps, et à répandre les talents que Dieu lui a donnés, » il rédigea d'autres écrits, et, tout en créant ses *figulines et bassins rustiques*, établit aussi le premier

Cabinet d'histoire naturelle qu'il y ait eu en France, et admit, que dis-je, invita tous les curieux à le venir voir. Il y donne des explications de la nature, neuves, simples, profondes, et qui sont restées.

Je te l'ai dit, la composition géologique du globe, ses roches coquillères d'avant le déluge, son feu central, les puits artésiens, l'eau de cristallisation pour les minéraux, le rôle immense de la végétation, les moyens agronomiques de la seconder, une série de lois fondamentales, méconnues depuis ou niées par les savants, vérifiées enfin et proclamées de nos jours, sont les découvertes de Bernard Palissy. Nous autres, Velches, d'une vanité si chatouilleuse sur des mérites douteux, nous faisons bon marché de nos vraies gloires aux prétentions étrangères : nous exaltons, en chorus moutonnier, Galilée, Bacon, Shakespeare, etc., avec juste raison, je leur rends hommage ; mais nous oublions que nous avons mieux encore en Palissy, Descartes, Molière et tant et tant d'autres.

Cependant la nuit espagnole et papale du 24 août 1572, clouée au pilori de l'histoire sous le nom de la Saint-Barthélémy, promenait sur Paris et sur la France ses poignards bénits et faisait soixante-dix milliers de victimes ! La sculpture ne put sauver Jean Goujon, ni la philosophie la Ramée. La chirurgie, plus utile au roi, préserva Ambroise Paré, et la céramique, Palissy. Nous retrouvons le noble vieillard, en 1575, pendant le Carême, ouvrant aux Tuileries son cours, ou plutôt ses conférences (car il provoquait les questions) de physique, d'histoire naturelle et de chimie. En 1580, il en publie les résumés, sous le titre de « *Discours admirables* de la nature des eaux et fontaines, des métaux, de l'alchimie, du sel, des pierres, de l'art de terre, etc.

Ses conférences continuent jusqu'en 1584. Voilà neuf

années de tranquillité, d'influence utile et modeste, de bonheur probablement pour le sage, qui a vu passer bien des troubles politiques et bien des princes, depuis Louis XII, le seul bon, François Ier, Henri II, ses fils François II, Charles IX et Henri III. Mais si « les morts ne savent pas pardonner, » comme dit Virgile, le parti de la mort, l'Inquisition, ne le sait pas non plus. La *Sainte* Ligue poursuivait son œuvre *pie*, et la protection d'Henri III, instrument des moines, en attendant qu'il en fût victime, ne put garantir Palissy. Le roi fut obligé de mettre *son inventeur* à la Bastille, dans l'intention probablement de lui épargner pis. C'est en 1588. Henri III et le duc de Mayenne firent traîner le procès capital. Voilà le héros de tant de travaux, d'épreuves et de souffrances, âgé de plus de quatre-vingts ans, ayant pour asile de repos un cachot ! Eh bien ! peut-être fut-ce un vrai repos, précurseur clément de la dernière paix.

Palissy, avec sa conscience si nette, sa tête si riche d'idées, son cœur si chaud de souvenirs, sa piété pure, ses psaumes de louange, Palissy en prison, loin des sots d'en haut et d'en bas, et voyant de près la suprême délivrance, fut peut-être plus profondément heureux qu'il ne l'avait été de ses jours.

Aussi, lorsqu'Henri III, vraiment bien bon pour un roi, vint lui dire un jour : « Mon bonhomme, il y a quarante-cinq ans que vous êtes au service de ma mère et de moi. Nous avons enduré que vous ayez vécu en votre religion parmi les feux et les massacres : maintenant, je suis tellement pressé par ceux de Guise et mon peuple, que je suis contraint de vous laisser entre les mains de mes ennemis, et que demain vous serez brûlé, si vous ne vous convertissez. » — « Sire, répondit Bernard, je suis prêt à donner ma vie pour la gloire de

Dieu. Vous m'avez dit plusieurs fois que vous aviez pitié de moi ; et moi, j'ai pitié de vous, qui avez prononcé ces mots : *je suis contraint !* ce n'est pas parler en roi, sire ; et c'est ce que vous-même, ceux qui vous contraignent, les Guisards et tout votre peuple, ne pourrez jamais sur moi, car je sais mourir ! »

« Voyez l'impudence de ce bélître ! » ajoute ironiquement d'Aubigné, un des grands encore parmi les vrais grands hommes de France.

Ce fut Henri III qui mourut de mort violente, sous le couteau de Jacques Clément. Palissy finit de vieillesse, mais à la Bastille, en 1589, juste deux siècles avant la Révolution française.

Où reposent ses cendres ? Dans la terre, sa grande amie, sans nul doute ; mais en quel lieu ? On l'ignore, et tant mieux peut-être ! Nous sommes si Velches encore que celles de Voltaire et de Rousseau, moins savants que Palissy, mais plus haïs de la Ligue, ont bien, en 1814, en plein Panthéon, été soustraites et profanées ?...

LA MÈRE. — Mon fils, voilà deux fois que tu prononces le mot *Velche* : qu'est-ce qu'il signifie ?

LE FILS. — Bonne mère, Voltaire entendait par là des masses ignorantes, fanatiques, brutales et présomptueuses ; des populations qui ne savent pas reconnaître, honorer et défendre leurs messies, leurs initiateurs, comme ceux dont nous venons de nous entretenir ; mais qui, vivants, les persécutent, et, morts, les oublient.

LA MÈRE. — Que veux-tu, fils ? ces martyrs « pardonnent à ceux qui ne savent ce qu'ils font ; » leurs âmes délivrées se connaissent et s'entendent, bénies de Dieu, et, tôt ou tard aussi, des hommes ! A chacun de nous de racheter les fautes de ses pères, et de moins engager ses enfants.

APERÇU DES ÉCRITS

DE

BERNARD PALISSY.

RECEPTE VÉRITABLE, par laquelle tous les hommes de la France pourront apprendre à multiplier et augmenter leurs thrésors.

Item, ceux qui n'ont jamais eu cognoisssance des lettres pourront apprendre une philosophie nécessaire à tous les habitants de la terre.

Item, en ce livre est contenu le dessein d'un jardin autant délectable et d'utile invention qu'il en fut oncques vu.

Item, le dessein et ordonnance d'une ville de forteresse, la plus imprenable qu'homme ouyt jamais parler, composé par maistre Bernard Palissy, ouvrier de terre, et inventeur des rustiques figulines du Roy, et de Monseigneur le duc de Montmorancy, pair et connestable de France, demeurant en la ville de Xaintes.

(La Rochelle, 1563.)

—

(126 pages.)

Huitain pis que médiocre de F. B. (François Béroalde de Verville ?) à M. Bernard Palissy.

Dixain de Palissy : au lecteur, salut :

« En petit corps gist souvent grand puissance. »

Lettre au fils du Connétable : Éloge de l'agriculture. Dessein de jardin ; d'une ville de forteresse. Ne peut donner les *portraits* pour cause d'indigence et occupation.

Lettre « à ma très-chère et honorée dame, madame la reine-mère. » (Cath. de Médicis) : remerciements pour sa délivrance des prisons de Bordeaux. Offre pour décorer le jardin de Chenonceaux.

Lettre au Connétable : mêmes remerciements. Il a été persécuté pour avoir semé les *marguerites* (les perles) devant les pourceaux ; mais il prie le Connétable de rendre le bien pour le mal à ses ennemis.

Au lecteur, salut. « Ami lecteur,... je te prie instruire les laboureurs, qui ne sont lettrez !... surtout en ce qui concerne les engrais. (Théorie des engrais, première invention.)

Il cite la Gascogne pour l'emploi de la *merle* (marne); il en cherchera en Xaintonge.

Recepte véritable, en dialogue, entre *Demande* et *Responce.*

Le Psaume civ (103 de la Vulgate) entendu chanter par des vierges en la prairie de Xaintes, lui inspire le dessein d'un jardin paysage (IIe invention) et d'un amphithéâtre de refuge pour les chrétiens persécutés.

En agriculture, on ne fait que « violer la terre, gaster et dissiper les arbres et plantes. » Histoire d'un bon cultivateur, tirée de Pline (et que Florian a mise en fable). « Grandes violences ès bestes bovines, que Dieu a créées pour le soulagement de l'homme » (protection des animaux, IIIe invention). « On fume pour rebailler au sol une partie de ce qui lui a été ôté, le sel, qui est la principale substance. » « Le sucre est un sel. » Distinction entre la fumée et la vapeur (IVe invention).

Fosses à fumier, négligées pendant trois siècles.

Pitié pour les arbres, « que l'on meurtrit, » sur lesquels on commet des meurtres.

Palissy « s'émerveille que le bois ne crie. »

Il faut couper « en pente, » en sifflet.

« Les nœuds des branches prennent leur origine dès le centre du tronc. »

« Nulle nature ne produit son fruit sans extrême travail et douleur. »

« Les plantes qui se meurent se hâtent de fleurir et produire » (notable observation.)

Saison et moment de couper les bois.

Collines et rochers plus salés que les vallons.

La création est continue (Ve et profonde invention). Les pierres même croissent.

Pierre Guoy échevin de Saintes, au temps de Palissy, lui donne une gryphée arquée, le sachant « curieux de telles choses. » En Oléron, il prenait une vingtaine de femmes et enfants pour chercher des coquilles avec lui. Oursins. Ignorance de Babaud, « advocat, homme fameux. »

Formation des lits de carrières. — Circulation des éléments. — Chaux. — Silex. — Centre de la terre est le point d'attraction pour les eaux (VIe invention, Newtonnienne, bien avant Newton.) Origine des fontaines (VIIe invention.) Formation des cristaux (VIIIe invention, sur expérience.) Palissy offre d'en montrer les preuves « en son cabinet. » Il a vu des stalactites en une grotte, près de Tours.

Un M. de la Mothe, d'auprès de Bayonne, donne à Palissy du bois pétrifié.

Pierres formées par l'action vitale, notamment les coquilles des mollusques.

Altération du verre ; la cause (IXe invention.)

Des douze pierres de l'Apocalypse, le Jaspe, le Calcidoine, la Thopasse, l'Esmeraude, la Turquoise, le Saphyr, le Diamant.

Physiologie des saveurs (X^e invention), et de la nutrition alimentaire. — Sur les métaux. — Contre l'or potable. — Hommage à M. Lamoureux, médecin à Saintes, lequel « a secouru Palissy de ses biens et du labeur de son art. »

Contre l'Alchimie et les erreurs des anciens sur la vertu des pierres.

Le JARDIN. Carré long, ayant ruisseau, colline ou rochers au nord ou à l'ouest ; une prairie à la suite ; deux grandes allées en croix ; huit cabinets et un amphithéâtre ; avec cascatelles et jets d'eau. Le psaume CIV en action, afin d'attirer les hommes « au cultivement de la terre. »

Premier cabinet, au nord, en briques imitant des rocailles, avec grottes, sièges, colonnes, architrave et frise, sur laquelle cette inscription : *Dieu n'a pris plaisir en rien comme en l'homme auquel habite sapience.* Sur la voûte, un bosquet avec graines pour les oiseaux. L'intérieur émaillé d'un enduit continu et cuit sur place, en sorte que les « lézars et *langrottes* s'y verront comme en un miroir et admireront les statues. »

Deuxième cabinet, aura des statues grotesques et pour inscription : *La crainte de Dieu est le commencement de la sapience.*

Troisième cabinet, plus rustique que les deux premiers.

Quatrième cabinet, imitera une carrière et des rochers bruts.

Les quatre autres cabinets seront de verdure. Au premier un bassin, bordé de grenouilles, tortues, *chancres*, escrevisses et couraux (coraux), en émail ; sur le rocher, plusieurs serpens, aspics et vipères, parmi des herbes pareillement imitées, et si bien que les reptiles vivants les viendront admirer, « comme tu vois qu'il y a un chien en mon hastelier de l'art de terre, que plusieurs autres chiens se sont pris à gronder à l'encontre, pensant qu'il fust naturel. » Item, une espèce de buffet et bassins d'eau vive à rafraichir le vin, autour d'une table ovale, émaillée. Les ormeaux seront taillés en formes d'architecture.

Dieu appelé souverain géométrien (géomètre.)

Incisions et blessures aux arbres y appelle le secours de nature, la sève (XIe invention.) Il y a, aux plantes, des âmes végétatives et insensibles (XIIe invention ou grande idée.)

Deuxième cabinet vert : mosaïque de cailloux et jeu de flûtes hydrauliques, imitant le chant des oiseaux.

Troisième cabinet : grotte revêtue de jaspe, marbre et cristaux.

Quatrième cabinet : revêtement en cailloux de mer et en pierres de lest, si variées et si étranges, que les navires apportent sur nos bords.

Le Rocher ou Montagne contiendra une serre ; au-dessus de la serre « une librairie et étude, » bibliothèque et salon de lecture ; une pharmacie ; un fruitier ; un laboratoire. Au-devant de toutes ces pièces regardant au sud-est régnera une galerie ombragée d'arbrisseaux à graines pour les oiseaux et semée, l'hiver, d'autres graines ou mies de pain pour les nourir. La balustrade sera garnie de pots de fleurs et de statues.

Le cabinet du milieu sera dans une île à peupliers, montant droit d'abord, puis serrés en pyramide, avec un entonnoir tournant au vent et faisant jouer des tuyaux d'orgue. Partout des sentences, tirées du livre de la *sapience* principalement; une ceinture d'aubiers sera enclose de treillis de fer servant de cage à des oiseaux chanteurs.

Arrosement à volonté par des tubes de sureau à pommes d'arrosoir.

Point de trapes à faire choir dans l'eau, comme c'était de mode alors; mais quelques attrapes innocentes.

S'ensuivent la prairie et le verger, les chenevières, oseraies et bois.

(Il serait curieux de comparer ce projet de jardin à celui que trace, en latin, Fr. Bacon, un peu après : *Discours sincères*, n° XLIV ; traduction P. J., dans l'*Ami des Champs*, septembre et novembre 1858.)

Ici, *Demande* propose de mettre plutôt peines et frais à pourchasser les grades militaires ou les bénéfices ecclésiastiques, « que tu ferois tenir par quelque cuisinier de prestre, » ou bien les postes et emplois « où l'on reçoit de grands présents pour favoriser aux huguenots. » — L'avarice est la racine de tous maux, répond Palissy. « Et comment telles gens peuvent-ils vivre en repos de conscience ? » Beau sermon.

Palissy rêve de son jardin : douce sympathie pour les végétaux ; admiration du *vivant des vivants* ; reproche aux laboureurs de ce qu'ils abandonnent les champs.

Le renard et ses puces. Le renard et la grole.

Respect aux bois. Honneur aux outils d'agriculture, bien plus « qu'aux plus précieuses armures. » Désire qu'il y ait des prix pour leur perfectionnement (XIIIᵉ invention.)

Curieuse dispute entre les instruments de géométrie.

Céphalométrie, et céphalochymie : Limousin fraudeur ; français fou de la mode ; la *verdugale*, crinoline du temps ; chanoine, plus fou encore et hypocrite, fauté de savoir prêcher ; juges, pires que tous.

Désir que chaque ville écrivit son histoire locale (XIVᵉ invention.) Origines de la réforme en Saintonge, depuis 1546. abattis de bois pour empêcher les prédications. En 1557, Philibert Hamelin : Palissy ose intervenir pour lui. Hamelin refuse de sortir des prisons de Bordeaux, il est pendu. Mais l'église de Saintes est fondée par de pauvres ouvriers, « et il n'y avoit plus guères de paroles scandaleuses, ni de meurtres. Les procès commençoient grandement à diminuer. » Les prêtres même se corrigeaient par émulation.

Un peu plus tard, il vient de Taillebourg « des diabletons, » qui font mille maux ; ils tuent un parisien, à Saintes, pillent, saccagent, font fuir tous les protestants. Palissy demeure caché deux mois, « s'exerçant toutefois à faire quelque œuvre de son art. »

XVᵉ invention : *La Ville de Forteresse*, d'après les coquillages de la mer, de laquelle « les batailles et la luxure sont plus grandes que celles de la terre. »

Epilogue : « A maître B. Palissy, Pierre Sanxai, dit salut. » 18 quatrains, dont voici deux vers :

> Ton œuvre a plus de beauté
> Que la langue d'élégance.
> Adieu !

DISCOURS ADMIRABLES :

DE LA NATURE DES EAUX ET FONTAINES, &., &.

Paris, 1580. (255 pages.)

« A très-haut et très-puissant sieur le sire Anthoine de Ponts, chevalier des ordres du roy, capitaine des cent gentilshommes et conseiller très-fidèle de sa Majesté. »

« Advertissement aux lecteurs. Ami lecteur..... théorique n'a engendré la pratique ; au contraire.....: Bien te soit. »

Dialogue entre théorique et pratique.

I. — *Des Eaux et Fontaines.* — Le bien vient de Dieu ; le mal vient de l'homme. (Il semble entendre J.-J. Rousseau.)

« L'eau et le feu joints avec l'air ont un effet que jamais homme n'a directement connu. » (Aperçu de la vapeur.)

Théorie de la congélation (XVIᵉ découverte.)

Critique de Ph. Delorme et de ses fontainiers.

L'intérieur de la terre n'est pas plus oisif que l'extérieur. Toute eau de source est minérale, en bien ou en mal.

Point de tremblement de terre sans feu.

La vapeur, positivement, page 151 (XVIIe invention). « Les éléments du feu étant joints ensemble en leur superbe grandeur. « Exemple : un chaudron qui bout.

Pierres imparfaites se calcinent ; parfaites, se vitrifient.

Vraie théorie des sources (XVIIIe invention). Dieu, le souverain fontainier. »

Marées et moulins de marée. Les huîtres pêchées en reconnaissent l'heure. Ruse du cancre, filets dormants.

Le niveau d'une eau correspond à sa source. Le soleil distille l'eau de mer et la dépose ainsi sur les montagnes : circulation universelle.

Une des causes du vent est la compression des nuages humides (XIXe invention.)

Les montagnes sont les os de la charpente terrestre. Napes d'eau sous les plaines.

Il n'y a point de vide : Grande et saine opinion. Origine de la mythologie.

En recueillant les eaux d'une source, faut-il couper les arbres des bords ? — « Nenny, de par Dieu ! » — Eloges de l'eau et du bois.

Bref avis aux habitants de *Jacques Pauly*, c'est-à-dire Jacopolis ou Brouage, sur les fontaines.

Du Mascaret, sa cause : un canal souterrain plein d'air ?

Au lecteur, contre l'Alchimie.

II. — *Traité des Métaux et Alchimie.* — Pierre philosophale, vice et folie.

L'homme ne peut que trier et choisir.

Palissy est le premier qui parle ainsi : (Véritable et XXe invention.)

Tout métal vient d'un sel dissous. Eau de cristallisation (XXI⁰ découverte.)

Bâton argenté pour tromper le souffleur.

Charles IX abusé par moyen analogue. « *Huit vingts* faux monneyeurs en Xaintonge, Bordelois, Périgord et Limousin, parmi lesquels plusieurs juges. »

Quant aux seigneurs qui se mettent de bonne foi au *grand œuvre*, « cela les garentist d'un plus grand vice ; et les médecins apprendront à connaître les natures. »

L'homme ne saurait ôter ni ajouter aux éléments.— Le semblable attire le semblable. Exemple : les coquilles, si belles et que l'homme ne peut imiter.

Juste théorie de l'arc-en-ciel (XXII⁰ invention). Les couleurs des coquilles pourraient bien avoir même origine (idée XXIII⁰.)

La cristallisation (XXIV⁰.)

Affinités secrètes : Haleines empêchant la peinture sur verre, &.

« Philosophe est amateur de sapience ; or Dieu est sapience : l'on ne peut donc aymer sapience sans aymer Dieu. »

« La première connaissance que j'ay eu de ces choses fut à une tuilerie de Saint-Sorlin de Marennes, ès isles de Xaintonge. »

Danger de l'alchimie, fût-elle vraie : *Midas.* Les véritables *valeurs* sont les aliments.

Cinquième élément, l'eau de cristallisation. (M. de Boucheporn, en 1844, y vient, sans nommer Palissy.)

Il y a de cet élément *congélatif*, minéral, dans les herbes, dans la paille de blé (XXV⁰ invention), dans les os, &., dans le cristallin de l'œil, analogue aux verres de lunettes et de miroirs.

Théorie de la pétrification des bois (XXVI⁰ invention.)

III. — *Traité de l'or potable.* — Théorie de la digestion (XXVIIe idée.)
Charlatanisme d'un médecin, en Poitou.
Un mot contre l'astrologie.

IV. — *Du Mitridat ou Thériaque.* — 300 drogues. Contre les remèdes composés (XXVIIIe idée.) Propriétés du suc de figuier.

V. — *Des Glaces.* — Se forment à la surface et non au fond de l'eau.

VI. — *Des Sels divers.* — Il y en a autant d'espèces que de diverses espèces de saveurs et senteurs. Il y en a surtout dans les écorces. *Momye* signifie épicé. De toutes cendres on peut faire du verre. Le métal est sonore à cause du sel. Le sel est joie ; le sel est amour. La terre attire le sel des nuées (chimie organique, XXIXe invention.) Le sel marin est végétatif (ainsi le soutient aujourd'hui un M. Lacour-Manseau, de Jonzac ; le sénat le nie).
« Les pays de Xaintonge, Gascogne, Agenès, Quercy et devers Tolose sont fort sujets aux vers. Les médecins de Paris en trouvent rarement ; mais il y en a ès pays d'Ardennes.
» Bourguignons salés ; pourquoi. — Ardennais, tous les seize ans, défrichent du bois et en font brûler sur place pour semer du seigle. »

VII. — *Du Sel commun.* — Description parfaite des marais salants de Saintonge et de la fabrication du sel. Celui de Lorraine, plus cher, vaut moins, celui de Portugal est trop âcre.

VIII. — *Des Pierres*. — Elles croissent par juxta-position (XXXe découverte) développements originaux sur la cristallisation, écrits en 1576.

M. Choysnin, médecin, était une grande consolation à Palissy.

Affinités et attractions (Invention XXXIe). Inventions des noms, comme des choses.

Curieuses pétrifications et métallifications.

« La vieillesse presse Palissy de multiplier (faire produire) les talents que Dieu lui a donnés. Il voudrait bien savoir lire le latin. Il y supplée en convoquant par affiches les médecins de Paris ; leur fait payer un écu d'entrée, avec promesse de leur en payer quatre, s'il est convaincu d'erreur. « Jamais homme ne le contre-dit d'un seul mot, grâces à son Dieu. » 1575 : Premier Lycée français ou cours public, ouvert par un potier de terre (XXXIIe invention et institution.)

Liste des savants et grands personnages qui prirent part à ces conférences : 33 noms, parmi lesquels celui d'Ambroise Paré.

L'imprudence et l'avidité de l'homme détruisent les espèces, et aussi l'obligent à se nourrir de ce qu'il avait dédaigné.

Vraie origine des coquilles fossiles (XXXIIIe et fon-damentale invention.)

Soupçon du feu central (XXXIVe invention.)

Origine de la tour de Broue ; du pertuis de Maumus-son. La mer perd d'un côté et gagne de l'autre. Seule-ment Palissy ne donne pas toute l'extension moderne à ces migrations de la mer. — Espèces perdues.

Cristallisation ; formation du grès. — (XXXVe inven-tion.) Marbres — bois et fruits pétrifiés — fleurs — pierre d'aigle.

Colorations — verre jaune, fait de bois pourri —

pierres précieuses artificielles — veines colorées des pierres — degrès de dureté et de pesanteur, corrélatifs.

Résumé.

IX. — *Des Terres d'argile*. — Devraient se dire pâteuses et non pas grasses. Leurs diversités. Celle de Savigny, en *Beauvoisis*, fine et se vernissant d'elle-même. C'est quasi la porcelaine (XXXVIe invention). procédés de cuisson ; déceptions ; conseils.

Expérience.

X. — *De l'Art de terre*. — — Voici le chef-d'œuvre de Palissy. Cet écrit, de moins de vingt pages, mériterait une publicité sans limites.

Danger de rendre les arts trop vulgaires ; néanmoins le bon Palissy, sous le secret, il est vrai, va confier le sien... à l'impression.

C'est ici que le *Discours* est vraiment *admirable*: récit vivant, imagé, dramatique, des angoisses subies par l'inventeur, et dont nous avons tracé un bien faible crayon dans sa vie.

« Comme un homme qui taste en ténèbres, » Palissy cherche d'abord l'émail blanc ; fait cuire ses trois ou quatre cents épreuves aux fourneaux des potiers ; déceptions ; puis aux verreries : un peu de succès. Deux ans de travail sur cet aperçu : l'émail blanc est trouvé.

Palissy se bâtit lui-même un fourneau : plus d'un mois de travail, le jour et la nuit ; il y brûle les meubles de sa maison. Six mois de nouvelle besogne pour faire des vases de terre, avec un potier, qu'il paie... en lui donnant ses vêtements. Démolition du premier fourneau et construction d'un autre, « sans aucun ayde et sans aucun repos. » Il broie seul les matières, les fait cuire, en espère trois ou quatre cents livres, ayant dépensé « six vingts écus » à crédit (360 fr.)...

Les cailloux se sont vitrifiés en pointes tranchantes : le tout vaut bien *huit francs*, au dire des créanciers qui le guettaient. Palissy met la fournée en pièces et recommence.

Cette fois, c'est la cendre qui souille les pièces : il imagine les lanternes, *cazettes* ou *gazettes* (XXXVIIe invention, laquelle n'a pas été modifiée.)

Quinze ou seize ans de travaux et essais continus ; construction de plusieurs fours ; pièces réussies en façon de jaspe ; puis les *bassins rustiques*. Bref, « auparavant que j'aye eu rendu mes esmaux fusibles à un mesme degré de feu, j'ay cuidé entrer jusqu'à la porte du sépulcre. » « Je me suis trouvé, l'espace de plus de dix ans, si fort escoulé en ma personne, qu'il n'y avoit aucune forme ni apparence de bosse aux bras ni aux jambes. » « Toutes fois l'espérance que j'avois me faisait procéder en mon affaire si virilement, que plusieurs fois, pour entretenir les personnes qui me venoient voir, je faisais mes efforts de rire, combien que intérieurement je fusse bien triste, attendu que j'estois contraint d'employer les choses nécessaires à ma nourriture pour ériger les commodités requises à mon art. »

Matières des émaux. Quant aux doses, il les faut chercher soi-même.

Dignité de cet art et son utilité à la « république. » Telle est la XXXVIIIe et toute spéciale invention.

XI. — *De la Marne.* — Sa découverte au pays de Xaintonge (XXXIXe invention.) Théorie de la chaux — de la fermentation (XL et XLIe idées,) L'eau qui a bouilli est plus sujette à la gelée que l'autre. — Tout choc produit de la chaleur. « Chaleur et contre-chaleur, » page 332 : Ceci paraît friser de bien près la double action électrique, le magnétisme et ses deux pôles.

De même, le *cinquième élément* de Palissy, son eau *congélative* ou *générative*, que les semences attirent à elles, surtout dans la Marne, est fort proche de l'attraction Newtonnienne, des affinités de Boyle, de la force vitale des savants actuels.

Origine du moulage, l'empreinte du pied sur la terre.

Toute pierre que la gelée dissout « peut servir de fumier. »

Tarière à sonder le sol (XLIIe invention.)

Toute la théorie des puits artésiens, page 341 : (XLIIIe invention.) Combien le grand homme a raison de dire, page 344 : « Voilà un chemin ouvert. Il est facile d'ajouter à la chose inventée ; aussi la science se manifeste à ceux qui la cherchent. »

Comment l'arbre a autant de racines que de branches. Instinct des racines et des branches (XLIVe invention.)

La salive humaine combat le venin des serpents.

Éloge des vignes de la Foy-Moniaut, entre Saint-Jean-d'Angély et Niort, et de celles des îles de Marennes.

Tout corps a des pores. Théorie de la trempe des métaux. Exemple.

Les poissons respirent de l'air dans l'eau : (XLVe idée neuve, découverte ou invention.)

COPIE des étiquettes du cabinet de Palissy, afin que les échantillons naturels aident à ses *plates figures*, à ses dessins. 9 pages.

Les pièces de ce cabinet étaient classées par chronologie géologique, idée bien remarquable ! « L'élément cinquième devroit estre appelé premier. »

Sa plus grande ammonite n'avait que 16 pouces de diamètre. (J'en sais une de 80 centimètres.)

Pierre ponce, son origine.

Origine du nom *Michelet*, pélerin de Saint-Michel.

Pierres marines percées par les dails et autres testacés.

SENTENCES ou maximes contenues au présent livre. 10 pages. C'est un résumé, avec renvoi aux pages du livre.

J'en cite quelques exemples.

« Ceux qui disent et ont escrit que les esprits invisibles tuent les hommes dedans les minières ont erré.»

Force invincible de la vapeur.

La chaleur occupe une place et dilate les corps : (XLVIe invention.)

« Les architectes et sculpteurs ne savent qu'imiter les payens et veulent être honorés comme inventeurs.»

« Les œuvres (les) plus vaines des humains sont les plus estimées. »

Toute production est enclose en sa semence.

La marne est amie des plantes utiles à l'homme et ennemie des autres.

EXPLICATION des mots (les) plus difficiles.

62 mots. 4 pages. Exemple :

« Pyramides, sont les figures pointues par en haut, à l'imitation ou semblance du feu. (*Pyr*, en grec), sur lequel on a pris le nom de pyramide. »

SANTONISMES DE PALISSY

OU

SES EXPRESSIONS SAINTONGEAISES.

Accourager. Encourager.

Aire de marais salant, carré de 18 pieds de côté, où se fait le sel, et dont vingt composent la *livre* de marais.

Alis, alise, d'une tranche *lisse* et glaiseuse, comme le pain de seigle. Nos ménagères, quand elles faisaient la fournée, pétrissaient, du résidu de la pâte, une galette peu levée, dite *l'alise;* c'était le gâteau des enfants, excellent à manger avec des noix. Palissy dit : « chose serrée, comme le caillou. »

Allié, chez nous *Alliat,* prononcé *aillat,* synonyme augmentatif d'*alis;* à tranche pâteuse, comme le pain mal cuit, ou même plus ferme, comme l'œuf dur. Du latin *alligatus ;* ou du mot *ail,* que l'on peut faire remonter à l'hébreu AGLI, gouttes, forme des gousses.

Amezau, tronc d'arbre foré en long pour conduire l'eau dans les marais salants.

Appilé, entassé, se dit du fumier, des fagots, &.

Armoniac, ammoniac. Nous disons de même *arcajou.*

Aubarée, lieu planté d'*aubiers* ou saules, *alburni.* Les Saintais, par erreur, avaient inscrit une rue qui mène au *quai Palissy*, *Eau barrée*, au lieu d'*Aubarée*. Ils ont corrigé.

Aubier ou obier, espèce de saule blanc.

Availlons, aliàs, *Lavagnons*, par confusion de l'article avec le nom (comme dans Lierre, Lendemain, Loriot), coquillage bivalve, espèce de palourde.

Basse (mieux, en gascon *baste*, du grec *bastazein*, porter), petite futaille à un seul fond, portative pour homme ou pour bête.

Besq, gui ; c'est le latin *viscus*, prononcé en gasconnant.

Bossis ou *Bosses*, les jetées qui séparent les champs de marais salants et où *s'appile* le sel.

Boyard, civière, bard ; de *fero*, comme *fardeau*, ou du celtique *Bar*, barre.

Cassar, diminutif de *casse*, bourbier, flaque d'eau. Sol cassé ?

Chancre, cancre.

Chastagne, châtaigne.

Chauchetz, sorte de raisins ayant la couleur et un peu le goût du muscat gris, mais à grains plus longuets et plus serrés.

Chaumenir, aliàs *chauvenir*, moisir. Devenir *chauve* ou plutôt grisonnant, mal expliqué chez Cap., par *Durcir*.

Chenelle, cannelle de futaille.

Chervi, chanvre. (A Royan, je soupçonne fort la rue *Fond de Chèvre*, d'être la rue *Font de Chèrve*. Voyez les lieux.)

Claune, mare ayant de l'eau toute l'année. Grec *Limnos*, breton, *Lenn*, étang.

Conche, bassin de marais salant et plage de mer en forme de coquille, *concha*.

Coye, callebase, citrouille. Femme peu avisée ; du

grec *Koilos*, creux, qui donne *Ciel* et des mots bien opposés, fort rabelaisiens.

Cuisant, appliqué aux légumes : facile à cuire.

Cul sur pointe (tourner), terme de marine.

Damas, œillet, fleur, originaire, sans doute, de Damas. Nous disons aussi *Damar*. « Faire baiser son damar à cinq feuilles, » donner un soufflet.

Désenfourner, défourner. Ainsi de plusieurs mots commençant par *dé*.

Enderce, dartre. Du grec *Deirein*, écorcher ou du celtique DAR, feu. (Court de Gébelin.) En sanscrit, DARDRU signifie dartre. (Littré.)

Entablements, certaines allées des marais.

Escoupeau, prononcé *écoupeau*, copeau.

Espellir, éclore, Lat. *expellere*.

Espongieux, spongieux. Grec *spongos*.

Estaipe, étai. Latin *sta*; anglais *stop*.

Estaucer, élaguer un arbre. Du breton *to*, toiture, épaisseur?

Fayan, hêtre. Latin *fagus* (qui se mange.)

Fien, fumier.

Fève (trouver la fève), réussir. Autrement, « prendre la pie au nid. »

Foran, un des compartiments des marais à sel.

Gelice, ou *gelisse*, gelive.

Gitte ou *jitte*, pousse d'une plante, son *jet*.

Glu, gluis, chaume. *Calamus*.

Grand, invariable, comme l'étaient dans le vieux français tous les adjectifs à deux terminaisons seulement, en *is* et en *e*. Voyez notre savant Littré. Palissy écrit, page 348, *grand mottes*, sans apostrophe au *d*; et c'est ainsi que nous devrions écrire *grand mère*, *grand rue*, &. Nos Saintongeais disent encore : « La maison est bin grand. »

Grole, corbeau. De son cri. « Grole çhi a grolâ ne sauroit mangher de bons mourcâ. »

Haineux et *aineux*, réfractaire au feu. Ce mot n'est pas Saintongeais. Palissy le dérive-t-il de haine ?

Halis, voyez *Alis*.

Hommeaux, ormeaux ; nous disons *houmeaux*.

Jambe de plante, pour tige. Langue d'o.

Jard, et *Jas*, grande division des marais salants. Anglais *Yard*, cour, enclos, *jardin*.

Jesme, poix des cordonniers. *Gemma*.

Journau, journal de terrain.

Landier (resté français), gros chenet. Du breton *Landrier*, borne de la terre, sorte de dieu terme.

Langrote, lézard gris. Du latin *anguis*, plus l'article soudé au nom.

Lizo, hysope. Même soudure. Mais qu'est-ce qui a fait donner à cette plante le nom grec *œil de sanglier !*

L'oriou, loriot ; *auriolus*, oiseau doré. L'apostrophe subsistait au temps de Palissy.

Maigre, poisson de mer, espèce d'Ombre.

Mas, sorte d'écluse aux marais salants.

Meler, sécher, en parlant des herbes et des fruits

Menuserie, menuiserie.

Merlu, merluche, poisson.

Molue, ou *moulue*, morue.

Motte, ailleurs *matte*, chenevière ou jardin près d'un cours d'eau.

Moucles, moules, coquillage. *Mutilus*, petit muet.

Palesir, pâlir. Ainsi de plusieurs verbes en *ir*.

Palice, ou *palisse*, haie. De *pal*, d'où palissade, et le nom de PALISSY lui-même. ?

Pau, pal, pieu.

Pau fourche, fém. pieu fourchu.

Pelon, bogue de châtaigne, rafle de maïs.

Penader, courir en s'ébattant, jouer des *pieds*..?

Pesle, une poële.

Pible, peuplier tremble. De *populus*, par le langue-docien *Piboul*.

Pierrière, carrière à pierre.

Pilot, tas.

Pinier, pin, arbre.

Planier, planière, plan, plane.

Platin, terrain plat.

Porcille, fém. Marsouin, comparé au porc.

Potager l'or, le rendre potable.

Prée, prairie.

Raller (*se*), se dérober, se tapir en courant, comme le râle, oiseau, *rallus*.

Rape, rafle de raisin.

Rosine, ailleurs *rousine*, résine. Du grec Rhein, couler.

Rostie au vin, ailleurs *roûtie*, pain rôti trempé dans du vin. C'est le *toast* anglais.

Seillon, sillon. De *Sulcus*, de *Helkein*, traîner.

Sole, fém. sol.

Sourdon, coquillage, sorte de petite pétoncle.

Table, planche.

Temple, tempe, où le pouls bat le *temps*.

Terrier, butte.

Terrière, carrière à terre. V. *Pierrière*.

Terve, mince. De *tenuis, tenvis, tervis*.

Vache de sel, meule de sel.

Varengne, ou *vareigne*, vanne, écluse.

Varenne (terre), « est, dit Palissy, une terre communément de couleur rousse (qui tient quelque peu de la nature argileuse), de laquelle on fait des moules pour toute espèce de fontes, et pour bastir les fourneaux et pour lutter les vaisseaux de verre. » — *Varenne*, terres

incultes, dit le vocabulaire français. — En Saintonge
aujourd'hui, terre légère, de sable et d'argile très-cul-
tivable et très-bien cultivée. Doit venir d'*arena* et nous
a donné *garenne*, futaie de chène.

Vireson, conduite d'eau pour les marais salants.
Total, 95 mots.

BERNARD PALISSY.

COMPLAINTE.

Souvenirs d'un octogénaire,
Ne délaissez pas ma prison ;
Du libre espace imaginaire,
Venez me rendre l'horizon !
Aux ordres de la conscience,
Aux recherches de la science,
Quand on dévoua de longs jours,
On ne craint pour sa blanche tête,
Ni bûcher, ni royale enquête,
Ni la Bastille aux sombres tours.

« Oh ! que la nature était belle
Près du village où je suis né !
Bois sauvages de la Chapelle,
Arbres amis, temps fortuné !
Qu'il fait bon aller à l'école
Apprendre à lire la parole,
A l'écrire, à calculer bien !
Gagne-pain de mon tout jeune âge,
Travail et plaisir, arpentage,
Qu'avec bonheur tu me reviens !

> Puis, j'ai parcouru mainte terre
En décorant plus d'un saint lieu.
Peindre images ! Sur du beau verre
Reproduire l'œuvre de Dieu !
Par ces vitraux voir la campagne
De France, Belgique, Allemagne
Comme vrai temple à l'Eternel !...
Quels dons encor sont désirables ?
Matière et forme plus durables :
L'émail imprégné d'arc-en-ciel.

> Mon tour fini, je vins à Saintes,
Où besoin d'aimer me fixa.
Femme, enfants, émotions saintes !...
Mieux encore Dieu m'exauça :
Je vis resplendir l'Evangile
Dégagé de l'humaine argile.
La réforme eut un fils en moi,
Je la prêchai dans la Saintonge ;
Et c'est elle à mon dernier songe
Qui donne l'aile de la foi.

> Oui, j'ai chanté les saints cantiques
D'un culte esprit et vérité.
A nos prières domestiques,
Parents, voisins, ont assisté.
Et seul, en ma tristesse errante,
Sous les aubiers de la Charente
J'ai cru, dans mes chants douloureux,
Retrouver la harpe bénie
Qu'aux saules de Babylonie
Jadis suspendaient les Hébreux.

> La foi punie au rang des crimes !...
C'est le nôtre après trois mille ans !
Combien n'ont pas fait de victimes
Nos pieux et libres élans !
De mes malheurs c'est une cause :
A Bordeaux déjà, mis en cause,

J'ai vu le brasier de bien près.
Ce brasier, à travers ta grille
Je le vois qui chauffe, ô Bastille,
Pour mes vieux os : ils seront prêts.

» Un autre culte avait mon âme :
Celui de l'art, que le Puissant
Met en nous, indomptable flamme,
Qui vers lui nous va ravissant.
Une coupe, à mes yeux offerte,
Luit blanche et noire... Il la faut verte,
Rouge, bleue, or, oiseaux, poissons !...
Quinze ans, j'endurai le martyre.
Du chaud, du froid... de la satire,
Plus âpre que d'âpres saisons !

» D'auprès d'un four fait par moi-même
Six jours, six nuits, je n'ai bronché !
Un mois, sur mon corps maigre et blême
Mes vêtements n'ont pas séché.
Les chats-huants de la nuit sombre
Mêlaient leurs voix tristes, dans l'ombre,
Aux soupirs de mes vains efforts ;
Et ces oiseaux de noirs présages
Etaient les voisins les plus sages,
Les plus amis que j'eusse alors.

« On me signalait dans la rue
Comme faux monnayeur ou fou.
Des enfants l'ignare cohue
Me prodiguait fange et caillou.
Cherchais-je, retraite dernière,
Pauvre daim blessé, ma tanière ?
J'y retrouvais d'autres combats,
Les cris amers de ma compagne,
Qui, sous la ruine qui gagne,
M'accuse et ne me comprend pas.

» Et cependant, Dieu le commande,
Pour elle, pour mes jouvenceaux,

Pour l'idée aussi, belle et grande,
Il faut inventer les émaux !
Le bois manque... Brûlez, treillage ;
Brûlez, lit sacré du ménage,
Toit et plancher de ma maison !...
Que vois-je ?... L'émail se colore...
Il se fixe !... Une fois encore
Constance et travail ont raison !

» Et je la tiens, ma figuline,
Rustique enfant de l'art français.
Devant moi la grandeur s'incline :
Le Dieu des cours est le succès.
Ouvrier, le velours me couvre.
Paysan, j'ai ma place au Louvre.
J'enseigne *la terre*, à Paris...
Là j'oubliais l'intolérance ;
Elle m'y suit, et l'ignorance
Etouffe ma voix sous ses cris...

» Mais, qui peut t'attrister, mon âme :
Ce que tu cherchais, le voilà.
L'œuvre surmontera le blâme.
Quant à l'ouvrier, qu'est-ce là ?
Il voulut être, et non paraître.
Son nom s'engloutira peut-être
Au cours de l'ingrat avenir...
Puisse seulement la Saintonge,
Dans la nuit où bientôt je plonge,
Me garder un doux souvenir !... »

(ENTRE LE ROI.)

« J'aime vos ouvrages, bonhomme.
» Par grâce ici je vous ai mis.
» Mais demain, si vous niez Rome,
» Je vous livre à mes ennemis.
» J'y suis contraint. — Triste parole,
» Sire ! D'un roi je plains le rôle :
» Contraint au mal, il doit souffrir.
» Je n'ai qu'un fleuron de science ;

» Mais, contraint dans ma conscience !
» Jamais, sire ! Je sais mourir. »

Sous les verroux de la Bastille
Ainsi parle... et meurt Palissy,
Tandis que sa vaisselle brille
Au Louvre et chez Montmorency.
Deux cents ans languit sa mémoire ;
Notre siècle enfin lui rend gloire :
Grand génie en grand pauvreté ,
Par sa vie héroïque et pure
Il prêcha Dieu, l'art, la nature,
Et, par sa mort, la liberté.

Royan , 18 $\frac{22}{3}$ 64.

FIN.

LA ROCHELLE. — TYP. DE A. SIRET.